Publications mensuelles de l'IDÉE LIBRE. (N...

Pour les Funérailles Civiles

Contre les Exploiteurs
DE LA MORT

Recueil de Discours Libres Penseurs
Modèle de Testament.- Documents divers

Prix . Un Fr. 25

EDITIONS DE "L'IDEE LIBRE"

CONFLANS-HONORINE (SEINE ET OISE)

1926

Publications mensuelles de l'IDÉE LIBRE. (Mai 1926) Brochure 121

Pour les Funérailles Civiles

Contre les Exploiteurs
DE LA MORT

Recueil de Discours Libres Penseurs
Modèle de Testament.- Documents divers

Prix : Un Fr. 25

EDITIONS DE " L'IDÉE LIBRE "

CONFLANS-HONORINE (SEINE ET OISE)

1926

PREFACE

En publiant ce petit recueil de discours, nous ne poursuivons pas d'autre but que celui d'être utile aux militants libres penseurs. Nous pensons qu'il leur rendra service et qu'ils pourront s'inspirer des discours qu'il contient en les modifiant et en les transformant bien entendu, selon les circonstances et selon les personnes.

Nous n'avons pas le culte des cadavres, certes, ni de la mort en elle-même. Mais la Libre Pensée ne doit pas rester indifférente à cette question. Les prêtres sont de véritables exploiteurs de la crédulité et de la peur. Ils se servent de la mort pour établir leur domination — et pour ramasser de l'argent.

Il faut que les funérailles civiles soient davantage répandues, parce quelles sont plus simples, plus conscientes, plus dignes. Assez de simagrées et de mascarades ! Soyons logiques avec nous-mêmes et refusons de participer à des cérémonies grotesques que notre raison réprouve. Un libre penseur ne peut accepter que sa dépouille soit livrée à des charlatans qui l'utilisent à une propagande au service des superstitions les plus laides.

Discours prononcé par le camarade Rieutord, au nom du Groupe « La Barre », aux obsèques civiles du jeune Grandsire Paul, (Abbeville, 24 mai 1923)

Mesdames, Messieurs, Camarades,

Si le pénible devoir de prendre la parole sur la tombe de l'un de nos camarades est souvent dur à accomplir, il est doublement pénible lorsqu'il s'agit d'un de nos espoirs enlevé trop prématurément à l'affection des siens.

Celui que nous accompagnons à sa dernière demeure, disparaît à l'aurore de la vie, à cette aurore toujours souriante aux jeunes, et pleine de promesses joyeuses pour l'avenir.

La douleur qui étreint la gorge et soulève les sanglots de cette famille éplorée, en présence de cette tombe entr'ouverte, est contagieuse et nous va droit au cœur. Malgré notre entière sympathie, il est matériellement impossible de trouver les mots qui auraient le pouvoir d'atténuer cette trop grande douleur.

Paul Grandsire, la maladie terrible et implacable te ravit à l'affection de tous les tiens, à l'heure où ta jeune imagination avait construit dans le domaine de l'avenir, tout ce qui résume l'idéal des jeunes, qui ont foi en une vie meilleure, toute faite de bonheur et d'espoir.

Elevé dans un milieu entièrement affranchi, tu avais de qui tenir par tes parents qui, foncièrement laïques et républicains, sont restés, malgré les peines de la vie, fidèles à leurs convictions.

Si la mort aveugle n'était venue t'arracher à leur affection et à nos espoirs, ton origine, ton éducation, avaient d'avance marqué ta place au milieu des générations futures, qui seront appelées à prendre notre place et à mener le bon combat le jour où, à notre tour, nous serons appelés à disparaître.

Ils sont nombreux autour de la tombe, ceux qui t'auraient soutenu de leurs conseils et de leur expérience, ils sont là le cœur serré par une angoisse terrible, et ils viennent t'apporter par ma voix le dernier adieu.

Et vous, parents éplorés, vous dont la douleur fait peine à voir, nous ne chercherons pas par des mots vides et des phrases creuses, à apporter une atténuation au deuil qui vous terrasse.

Permettez, cependant, à des camarades de lutte et de combat, de venir en face de cette tombe qui va se refermer sur votre enfant, sur votre frère, de vous apporter l'assurance de leur entière sympathie, et de leurs condoléances attristées.

Dors en paix, Paul Grandsire, le vide affreux que ta mort crée au milieu des tiens, trouve un echo sincère dans le cortège d'amis qui vient te rendre les derniers devoirs, et dont les larmes se mêlent à celles de tes parents bien aimés.

Au nom de tes amis d'enfance, au nom des militants de l'école laïque et républicaine, au nom des Libres-Penseurs, je t'adresse le dernier et suprême adieu, et dépose sur ton cercueil, quelques fleurs symboliques, quelques immortelles rouges de la Pensée Libre.

Adieu, Paul Grandsire, adieu.

DISCOURS DU Dᵣ TERVAGNE, PRESIDENT DE LA FEDERATION INTERNATIONALE DE LA LIBRE PENSEE, AUX OBSEQUES DU CITOYEN EUGENE HINS, A IXELLES (BELGIQUE), LE 18 FEVRIER 1923.

Citoyens, chers camarades,

La Fédération internationale de la Libre pensée a été pendant de nombreuses années l'œuvre de l'ami vénéré que nous venons de perdre. C'est en son nom et celui de la Fédération nationale que j'apporte à Eugène Hins le suprême salut.

Les Libres penseurs du monde entier connaissent le secrétaire de la Fédération et ont pu apprécier son travail tenace et persévérant. Alors que son grand âge l'obligeait à des ménagements, nous l'avons vu se faire conduire aux séances du conseil national et international et là, exposer dans tous ses détails, sans notes, les relations avec tous les groupements des autres pays, puis, lorsqu'il prenait part à une discussion, s'animer d'une ardeur d'apôtre et défendre avec une fougue vraiment extraordinaire ses opinions toujours basées sur une grande expérience de la vie.

C'était un grand penseur.

Son travail acharné et incessant a eu dans notre pays une influence considérable dont les libres penseurs socialistes ont pu souvent se rendre compte et qui d'ailleurs se prolongera par les adeptes qu'il a formés.

Hins n'a jamais séparé *Libre pensée* et *Socialisme*.

Sa conception fut concrétisée par ce fait qu'il fut le premier secrétaire de la première internationale socialiste et le secrétaire le plus actif de l'internationale de la Libre pensée.

Homme d'étude et d'action, savant et philosophe, il a conservé toute sa vie cette opinion que le socialisme doit tendre vers la perfection intégrale de l'être humain, que les jouissances les plus hautes sont d'ordre intellectuel, et que le bonheur de l'Humanité ne peut se concevoir que dans la libération complète des erreurs, des préjugés et des mensonges.

Les transformations sociales qui n'auront pas une base morale et scientifique seront toujours caduques.

Eugène Hins qui, pendant sa longue vie mouvementée, avait beaucoup et vaillamment lutté et avait généreusement dépensé, sans compter, pour la classe des travailleurs, son cœur et son cerveau, en était arrivé à cette conviction que c'est en l'éclairant que le travailleur doit être transformé, élevé et sauvé, que c'est par le puissant levier de l'intelligence et du savoir que la Société doit s'acheminer sûrement vers les formes les plus parfaites.

Aussi était-ce avec une véritable joie d'être utile à ses semblables que, jusqu'au dernier moment de sa vie, il a écrit, parlé et distribué ses conseils.

Les événements de la grande tourmente que nous avons vécue ne parvinrent pas à le dérouter. Il n'a pas cessé un instant de voir clair, de crier casse-cou à ceux qui s'égaraient, de déplorer les déviations de doctrines, de prédire un retour inévitable au socialisme intégral et rationnel, s'en prenant de front également aux mensonges religieux qui font des esclaves et aux mensonges économiques qui asservissent les travailleurs.

Dans les moments les plus tragiques de notre histoire nationale, des libres penseurs socialistes ont conservé au fond de leur cœur l'idéal sacré de vérité et de fraternité qu'ils rêvent pour l'humanité. Mais respectueux avant tout de la science des faits, ils ont tenu compte des réalités, et celles-ci les ont guidés dans leur appréciation des hommes et des choses, dans leur opinion au sujet de la direction à donner à la démocratie et à la libre pensée.

Eugène Hins fut de cette école.

Les derniers entretiens que j'ai eus avec lui en font foi et ne sortiront jamais de ma mémoire.

Son grand cœur a cessé de battre.

Tel un grand chêne se dressant au milieu de la forêt, Hins a longtemps bravé les orages et les tempêtes..., nous l'admirions car une pareille vieillesse est un monument, un chef-d'œuvre de la nature.

Le temps a raison des plus forts.

Mais la forêt se repeuple de jeunes pousses qui viennent des vieux arbres...

Les aînés s'en vont, ceux qu'ils ont formés continuent la lutte.

Et c'est toujours l'esprit, la flamme des anciens qui les anime...

Aussi, cher Compagnon, cher frère, vieil ami Hins, pour nous tu n'es pas mort, tu vivras par ton œuvre, par le grand exemple que tu nous as laissé !...

Au nom de la Libre Pensée Nationale et Internationale nous proclamons que tu as bien mérité de l'humanité en marche vers un meilleur avenir.

Eugène Hins, salut !

DISCOURS PRONONCE PAR ANDRE LORULOT
AUX OBSEQUES DE LUCIENNE JENGER (CIME-
TIERE DE BEZONS, PRES PARIS, LE 18 JAN-
VIER 1925).

La mort est une chose odieuse: elle nous paraît par-
ticulièrement cruelle lorsqu'elle frappe, dans sa cour-
se aveugle et impitoyable, les êtres jeunes et beaux,
dans leur plein épanouissement, brisant tous leurs
espoirs, anéantissant tous leurs projets, tous leurs
rêves, les arrachant brutalement aux joies à peine
ébauchées de la vie.

Lucienne Jenger, que nous avons la grande douleur
d'accompagner aujourd'hui au champ de l'éternel
repos avait vingt ans, pas même. Elle aimait, elle était
aimée. Les plus nobles horizons s'ouvraient devant
elle Pétillante d'intelligence et de grâce, elle aspirait
de toutes ses forces au bonheur de vivre — de vivre
d'une façon large et ardente, puissante et élevée.

Mesdames et Messieurs, j'ai le devoir avant tout, en
notre nom à tous, d'offrir nos condoléances les plus
émues à ceux qui pleurent ici, à toute la famille de
Lucienne, horriblement frappée par un deuil aussi
inattendu qu'injuste.

Son mari, son compagnon, notre cher ami Julien
Jenger, lui était uni par les liens les plus doux et les
plus profonds. Dès leur enfance ils avaient appris à
s'aimer. Ils allaient dans la vie, en parfaite commu-

nion d'idées et de vues. Ils étaient tout l'un pour l'autre...

Nous prions notre excellent camarade Jenger, si dévoué, si généreux, d'accepter l'expression de notre sympathie fraternelle. Nous prenons à sa peine, il le sait, une très large part. Nous ressentons de tout notre cœur la perte irréparable qu'il vient de subir et nous lui adressons nos encouragements très amicaux.

Lucienne laisse également dans la douleur toute une famille. Sa mère dévouée, qu'elle entourait de son affection et qu'elle n'avait jamais quittée, son frère et ses sœurs, tous la regrettent et tous pleurent amèrement devant le vide causé par sa disparition.

Nous assurons toute la famille de notre amie regrettée de nos condoléances les plus sincères et les plus émues.

Nous qui regardons la mort en face et sans frayeur, nous qui sommes délivrés des superstitions et des peurs naïves, nous ne pouvons nous empêcher de maudire le sort stupide qui vient de frapper notre jeune amie, cette jeune femme à l'avenir plein de promesses. Il n'est pas logique que la fleur puisse être arrachée avant d'avoir pu s'épanouir, qu'un être soit enlevé, dans le printemps de sa vie, aux joies radieuses de l'existence et à l'affection des siens. Nous nous révoltons contre ce hasard imbécile et brutal. De tels faits seraient suffisants, si la chose était nécessaire, pour établir que le monde n'obéit pas à un « maître sage et bon »..

Je le dis, mesdames et messieurs, sans vouloir attenter si peu que ce soit, aux croyances et aux opinions de personne. Dans une telle circonstance et dans un tel endroit, nous devons tous avoir un ferme désir de tolérance et de paix. Mais nous ne pouvons pas croire à une « Providence », à une Justice suprême, quand nous voyons tant de souffrance et d'iniquité, tant d'innocents broyés, tant de larmes et tant de regrets.

Nous ne comprenons pas non plus qu'il puisse exister des hommes, sincères peut-être, pour spéculer sur ces souffrances, pour utiliser la peur universelle de la mort à des fins personnelles, épouvantant les esprits avec des fantômes chimériques et la croyance en une vie future, croyance qui heurte la raison et le bon sens.

Petite amie Lucienne, dormez en paix dans la terre froide ! Tout est fini pour vous... Vous retournerez au sein du grand Mystère que nul n'a jamais percé, au sein du tourbillon formidable qui entraîne tous les êtres, depuis le plus humble jusqu'au plus puissant. Vous retournerez au creuset où la vie vient se dissoudre sans cesse pour renaître constamment .

Dans ce repos suprême, dans cette paix bienfaisante où vous allez dormir, nous vous rejoindrons tous, petite amie, et peut-être bientôt. Que cette philosophie de la vie humaine puisse donner à ceux qui vous pleurent un peu de fermeté pour continuer la route ingrate et douloureuse de l'existence, tel est mon souhait le plus vif.

Adieu Lucienne ! Aucun de ceux qui t'ont connue ne t'oubliera. C'est un peu de notre gaîté, de notre jeunesse qui part avec toi. Nous conserverons affectueusement ton souvenir, le souvenir de ton intelligence spontanée et compréhensive, de ton affection si douce et si riante, de ta grâce et de ton charme. Souvent, très souvent, notre cœur se serrera en pensant à la jeune et bonne amie qui nous fut enlevée...

Adieu, Lucienne, nous ne t'oublierons pas !

OBSÈQUES DE M. AUGUSTE LEROUX

*Lundi 24 février 1925, à Abbeville, obsèques civiles de
M. Leroux Auguste, marchand forain. Au cimetière, le
secrétaire du Groupe « La Barre », M. Georges Dufossé,
prononça sur la tombe le discours suivant :*

Mesdames, Messieurs, Camarades,

On se souviendra pendant longtemps encore, à Abbeville, de celui qu'on dénommait familièrement « le bon
père Leroux ». Nul abbevillois ne pourra de longtemps
évoquer par l'imagination, ce coin du marché du Guindal,
au pied de la collégiale Saint-Vulfran, sans y voir sous
la toile de sa tente, derrière son comptoir d'articles de
bazar, sous sa démocratique casquette, la figure finement
et malicieusement souriante du « bon père Leroux ».

Quoique Champenois de naissance, trente-huit années
de résidence dans notre cité, avaient fait du « père Leroux » un Abbevillois de cœur ; il arriva dans notre ville
peu d'années après la guerre franco-allemande de 1870-71,
qu'il venait de vivre en acteur, en combattant les jours
sombres de la débâcle.

Malgré la réputation attachée à sa profession, Leroux
n'avait rien de la hâblerie du forain ; et quoique illettré

pourtant, son sourire malicieux cachait une vive intelligence et un besoin d'indépendance, qui en firent un commerçant habile et un homme libre.

Hélas ! ce sourire malicieux ne cachait pas que cela, il cachait aussi des peines intimes, de la douleur : la perte d'un fils tué au Maroc, à l'âge de trente-six ans, il y a près de six mois, vint le bouleverser, et tout son être physique fût ravagé durant trente-cinq années, par un mal qui le terrasse enfin à soixante-quatre ans ; il ne dut cette prolongation qu'à une discipline rigoureuse d'hygiène et de sobriété, ainsi qu'aux soins de son épouse.

Nous adressons à cette veuve, nous adressons à sa fille, à son fils, et à toute sa famille, dans ce deuil, l'assurance de notre participation à leur douleur.

Camarade Leroux Auguste,

Il y a un peu plus d'une année que vous êtes venu demander votre inscription parmi les membres du groupe « La Barre », ce jour-là, vous m'avez dit : « Je suis heureux que le groupe « La Barre » ait inscrit à son nouveau programme : action laïque, éducation populaire ; je sais ce qu'il en coûte de ne savoir ni lire, ni écrire ; l'ignorance, voilà l'ennemie ! » Mais, vous ravisant, vous ajoutâtes, sceptique : « Je me demande toujours pourquoi je rencontre tant de gens qui lisent tant de journaux, pour me raconter tant de stupidités ». Et comme je demandais alors : « Que leur répondez-vous? ». Reprenant votre sourire ironiquement malicieux, de me répondre : « Moi? rien, je hausse les épaules ». Mais levant ensuite le bras, vous vous exclâmates : « Ah ! si je savais lire ! »

Eh bien, camarade Leroux, nous voulons faire en sorte que chacun sache, non seulement lire, ce qui n'est pas suffisant, mais encore bien lire, c'est-à-dire comprendre, et manifester cette capacité par le goût de la lecture studieuse.

Ah ! camarade Leroux, il est à craindre que votre bon sens ne vous ait trompé ! Votre existence, certes, prouve que l'érudition à elle seule, ne fait pas les convictions sincères, les pensées nobles et l'esprit large et fort, mais vous avez bien reconnu, et nous ne devons pas l'oublier, que ces convictions, ces pensées et cet esprit ne fortifient, ne se développent et ne se manifestent le plus utilement qu'au fur et à mesure que s'élève notre degré de culture et d'érudition.

Vous n'aviez pas, vous, cette sorte de répulsion instinctive qu'éprouve généralement l'ignorant pour l'érudit : vous aviez senti comme nous, peut-être mieux que nous, parce qu'illettré, d'où venait la misère du monde, la misère morale surtout de notre jeunesse ; et c'est pourquoi vous vous êtes créé, avant la mort que vous sentiez proche, une dernière grande satisfaction : vous avez voté avec nous un programme d'éducation populaire, et le projet d'une bibliothèque laïque et d'études sociales.

Il semble que nous aurions manqué à notre devoir le plus sacré et au pieux hommage de votre souvenir, si nous n'avions ici-même affirmé notre volonté de réalisation pour cette promesse faite ensemble avant de vous dire, brave et bon camarade Leroux, notre dernier adieu. Adieu !

DISCOURS PRONONCE A BRUXELLES PAR LE CITOYEN JEAN MARECHAL, PRESIDENT DE LA LIBRE PENSEE, SUR LA TOMBE D'AD. VANDEN BOSSCHE (21-1-25).

Mesdames, Messieurs, Chers Camarades,

Au nom de la Libre Pensée de Bruxelles-Ouest, j'ai le douloureux honneur de venir exprimer sur la tombe de notre ami Adolphe Vanden Bossche, d'unanimes regrets.

Il serait vain de retracer devant vous, qui l'avez si bien connu, la vie de notre camarade. Nous avons tous pu apprécier sa cordialité, son caractère droit et ferme, les hautes qualités qui le distinguaient et qui font que l'on peut être autre chose qu'une unité du médiocre troupeau humain.

Adolphe Vanden Bossche emporte avec lui l'estime profonde de ses amis et l'affection de ses proches. Les souffrances qu'il a courageusement supportées durant les dernières années de son existence, lui ont mérité le dévouement absolu d'une femme qui fût le modèle des épouses et devant la douleur de laquelle nous nous inclinons avec le plus profond respect.

Il faisait partie depuis de longues années de la Libre Pensée de Bruxelles-Ouest, qui possède ce beau privilège de voir la plus entière cordialité régner parmi ses membres.

Il participa avec assiduité aux travaux du comité, tant que la maladie, qui devait finir par le terrasser, lui en laissa le répit ; jusqu'à ses derniers moments, il manifesta le plus constant intérêt pour notre association. Il n'en est point parmi nous qui ne gardera un souvenir attendri de l'aimable compagnon qui suivait nos débats avec une attention toujours éveillée et dont les avis nous étaient précieux. C'est avec reconnaissance pour les services qu'il nous a rendus que nous évoquerons bien souvent sa mémoire.

Mesdames, Messieurs,

Si les épreuves de la guerre ont fourni à un grand nombre de nos concitoyens l'occasion de révéler l'héroïsme d'endurance et d'abnégation dont ils étaient capables, nous avons vu avec tristesse durant ces dernières années la marée de l'égoïsme submerger peu à peu ce qui faisait la noblesse de notre peuple. Combien de caractères ont fléchi, combien de consciences se sont avilies.

Plus âpre que jamais, plus cynique et plus grossière se révèle à nos yeux la curée des appétits indifférents à la ruine de notre civilisation. Après avoir jeté des clartés éblouissantes, il semble que la pensée humaine doive s'éteindre au milieu de l'indifférence générale. Les luttes politiques revêtent un caractère platement personnel ; les partis qui semblaient destinés à collaborer au progrès humain ont abandonné les principes et les idées qui les justifiaient pour se livrer au plus matériel des conservatismes, ne craignant pas de s'associer dans leur œuvre néfaste au pire ennemi de la liberté et de l'esprit émancipateur. Seule la Libre Pensée se dresse encore pour proclamer son indéfectible espoir dans l'évolution de la société vers un destin digne de l'humanité.

C'est grâce à l'union des hommes de bonne volonté. qui placent au-dessus de toutes les satisfactions d'ordre matériel la dignité de la pensée et de la conscience humaines que nos groupements ont pu se reconstituer et se maintenir. Adolphe Vanden Bossche fût au nombre de ceux qui n'ont jamais désespéré et qui ont compris quel grand devoir s'imposait à l'heure présente aux esprits émancipés.

Ayant pour soutien le seul sentiment d'accomplir l'œuvre indispensable, il est venu se joindre au petit nombre de ceux qui, bravant les sarcasmes de la foule ignorante et des individualités intéressées, ont entrepris de garder intacte en vue de l'avenir la foi au progrès. Seul ce geste suffirait pour auréoler la vie d'un homme.

Ta vie n'aura point été inutile, cher et regretté ami. Dans ta modeste sphère, tu as été un partisan de la grande œuvre dévolue à l'espèce humaine. Tu as joint ta pierre aux fondations de l'édifice que construiront les hommes de l'avenir, quand ils seront délivrés des superstitions et quand ils auront surmonté la violence de leurs instincts et de leurs passions animales.

Tu as eu d'autant plus de mérite que les souffrances ne t'ont pas épargné et qu'il t'a fallu à la fois le courage de les vaincre et celui d'espérer pour nos descendants.

C'est pourquoi, cher ami, la Libre Pensée honorera ta mémoire.

Au nom de tous je t'adresse un suprême adieu.

DISCOURS PRONONCE PAR JULES DES ESSARTS, A LA PREMIERE FETE DES MORTS, ORGANISEE PAR LA FEDERATION RATIONALISTE DE CHARLEROI (1-11-1897).

La pensée pieuse qui nous réunit en ce moment, ne peut s'exprimer qu'en paroles de paix et de fraternité. En venant dans ce champ de l'éternel repos où la mort impose à tous son calme et sa majesté, nous n'avons cherché qu'une occasion nouvelle de nous imprégner plus profondément de la grandeur des principes de la Libre Pensée et des devoirs qu'ils indiquent.

Aussi, notre souvenir ne doit-il pas s'arrêter exclusivement sur la mémoire de nos frères demeurés jusqu'au bout fidèles à nos convictions, notre tolérance doit l'étendre à ceux même qui ne les auraient pas maintenues, comme à ceux qui ne les ont point partagées. Pitié pour les uns, miséricorde pour les autres, regrets sincères pour tous.

Jules des Essarts fut un des plus dévoués organisateurs de la Libre Pensée dans le bassin de Charleroi. C'est à l'obligeance de son frère, le citoyen Gustave des Essarts, directeur du Journal de Charleroi, que nous sommes redevables de publier ce beau discours. Nous l'en remercions très sincèrement.

A cette heure, le suprême et inexorable niveau égalitaire imposé par la nature, réunit dans la même immobilité ceux dont l'existence ne fut qu'une succession ininterrompue de luttes, de compétitions, de rivalités, d'oppositions de sentiments, d'idées et d'intérêts, sous l'inéluctable fatalité d'une déplorable organisation sociale. Si la mort était autre chose que l'anéantissement de nos personnalités, si au lieu de ses ténèbres elle apportait la lumière, si elle n'était que le seuil d'une vie nouvelle dans la vérité, dans la justice et dans l'amour, combien elle comporterait encore de remords pour les coupables, de regrets pour les égarés, des années perdues par eux sur la terre, au service du mal et de la haine !

Mais cette conception d'une vie future, où le hasard des occasions de rédemption assurerait aux uns une immuable félicité et aux autres une éternelle peine sans réparation, est contraire à la conception plus haute qui fait de la mort le but de la vie.

La mort n'est point une issue, c'est un terme, qu'il ne faut point attendre pour profiter de ses leçons. C'est l'enseignement que nous sommes venus chercher ici.

En jetant un regard sur les tombes qui nous entourent, nous trouvons dans leur diversité même, la preuve de la déplorable équivoque qui a pesé sur les actions de ceux dont elles scellent aujourd'hui l'éternelle impuissance. Elles portent le matériel témoignage des erreurs, des préjugés, des malentendus, dont ceux qui y reposent ont été les instruments ou les victimes. Selon que le hasard de la naissance les a fait vivre dans un palais ou dans un taudis, les uns ont considéré l'autorité de leur bonheur comme un droit, les autres les horreurs de leur misère comme une fatalité.

Et cette erreur primordiale a dirigé l'existence des premiers dans une voie d'oppression, considérée comme une légitime défense, tandis qu'elle a fait des autres des résignés du sort ou des révoltés de l'injustice.

Cependant, il était cruel et dangereux de ne point essayer d'apporter une atténuation aux terribles conséquences de cet affreux point de départ et c'est là mission que se donnent sans doute nombre de gens, guidés par un double sentiment de prudence et de charité. Nous rendons un sincère hommage à quiconque arrive, si peu que ce soit, à soulager la misère, à sécher des larmes. Mais qui ne serait frappé de cette contradiction flagrante, de l'inconsciente duplicité, pourrait-on dire, qui maintient l'intérêt de perpétuer le mal, de renouveler la douleur de la lutte et des blessures, que l'on considère ensuite comme un devoir d'apaiser et de panser ?

On ne parvient jamais à réparer entièrement le mal que l'on a fait et la société actuelle perd ainsi son temps, ses forces, ses richesses, à essayer d'atténuer les conséquences du faux principe qui la régit, mais que, heureusement, il dépend d'elle de changer.

Puisque aussi bien c'est pour aboutir ici que l'homme s'agite, il comprendra bientôt la leçon que lui donne la mort pour arranger sa vie.

Que reste-t-il après une existence consacrée à des combats fratricides ? Les victoires des uns s'évanouissent en fumée, mais la ruine des autres laisse une interminable traînée de conséquences et tandis que les morts trouvent la paix dans la tombe, leurs erreurs et leurs fautes se répercutent sur les vivants, par un effet de cette inéluctable solidarité qui est la loi de la nature et de l'humanité.

Que la terre soit légère à tous ceux qui sont ici rentrés dans son sein. Aucun reproche, aucun blâme à leur adresse, ne doit sortir de nos lèvres. Sans doute, ils ont tous cru faire leur devoir, mais il nous sera permis de constater que leur but n'a pas été atteint et de trouver dans cette constatation la preuve de la nécessité de suivre une autre voie que la leur.

Pour asseoir un ordre nouveau, il faut se débarrasser de tout ce qui contribue à perpétuer l'ancien, écarter les intérêts et les institutions particulières qui sont des obstacles au bien-être général, à la liberté des individus, à la fraternité entre les nations. Il dépend de nous de les faire disparaître, il suffit que nous cessions de les soutenir.

Car c'est dans le peuple lui-même que sont les remèdes aux souffrances du peuple, à la fois victime et instrument de ses propres fautes, quand il s'arrête ou s'attarde dans la voix de son perfectionnement intellectuel et moral. Il a tout en lui-même : le principe de toutes les forces, l'essence de toutes les vertus qui peuvent lui apporter la beauté, la vérité, la justice, l'amour. Et pour y atteindre, il lui suffit de pratiquer les principes de notre sublime philosophie : la modération, le culte de la science, le souci de l'égalité, le sentiment de la fraternité.

Alors se fera dans la société l'apaisement universel attendu ; non pas celui que l'on trouve dans ce champ d'éternel repos, mais celui qui doit donner la vie, resplendissante de lumière et de fécondité.

Citoyennes, citoyens, compagnons, frères, saluons maintenant la mémoire de ceux qui reposent dans cette tombe, et donnons-nous rendez-vous à l'an prochain pour la même circonstance.

Discours prononcé aux obsèques d'une citoyenne sympathique à la Libre Pensée appartenant à un milieu rural.

Mesdames, Messieurs,

Je remplis un douloureux devoir en accompagnant aujourd'hui à sa dernière demeure la dépouille de...

Au nom de tous ceux qui sont ici, je tiens à adresser l'hommage de ma condoléance la plus émue à sa famille, à ses parents éplorés, à l'affection desquels la mort impitoyable vient de l'arracher. Tous ceux qui ont connu la défunte et qui ont pu apprécier ses qualités, seront unanimes, j'en suis persuadé, à s'associer à cet hommage et à donner à sa mémoire un suprême témoignage d'estime et de regret.

Sa vie a été remplie toute entière par le travail et par le dévouement. Quel beau spectacle et combien réconfortant que celui de cette longue existence consacrée au bien, remplie par le devoir librement accepté et joyeusement accompli, par le courage et la volonté.

Quelle leçon, mesdames et messieurs, on pourrait tirer de tels exemples ! Il y a tant de parasites et de gens malhonnêtes ! La lutte est souvent féroce et implacable en notre monde, les mauvais sentiments se développent dans toute leur laideur ; la bassesse et l'égoïsme l'emportent. Saluons donc bien respectueusement ceux qui ont su faire leur devoir, simplement mais noblement.

Devant cette tombe fraîchement ouverte, sachons surmonter notre chagrin. Elevons nos pensées en une méditation salutaire. Pénétrons-nous de la mission qui nous incombe à tous...

Notre amie retourne au néant. Elle va dormir d'un calme sommeil, au sein de cette terre qu'elle a tant aimée et qu'elle a fécondée de sa sueur durant des années si nombreuses. A notre tour, à tous, de remplir notre tâche ! Faisons notre devoir en toute circonstance. Inspirons-nous du bel idéal de la Libre Pensée ! Répandons la vérité, faisons le bien autour de nous, instruisons-nous, éduquons les ignorants, montrons aux malheureux le chemin de la lumière et de la paix. Lorsque la mort viendra pour nous, nous saurons la regarder sans crainte, car nous savons qu'elle est la loi universelle du monde et de tous les êtres vivants. Nous ne tremblerons pas devant le grand repos final. L'âme apaisée et satisfaite, ayant dignement rempli notre vie et nous étant rendu utiles à nos semblables, nous partirons avec sérénité au sein de la nature.

La défunte a montré par son exemple qu'il n'était pas nécessaire de suivre la religion pour être une femme de bien et pour pratiquer les plus belles vertus. Le fanatisme et la croyance n'ont rien à voir avec la morale et l'amour de la justice et du devoir.

J'adresse mes condoléances les plus cordiales à la famille de la défunte, qui a partagé son existence de travail et d'honnêteté, ainsi qu'à son mari, notre cher camarade, le dévoué démocrate que nous aimons et que nous respectons tous et auquel nous tenons ici à rendre un témoignage d'admiration pour sa droiture et son indépendance.

Nous prenons à leur douleur à tous la plus grande part et nous les prions d'accepter, ainsi que toute la famille, l'expression des sentiments affectueux que j'apporte ici, au nom de la Libre Pensée.

Reposez en paix, loin du bruit de ce monde. Nous garderons le meilleur souvenir de vous, chère amie disparue et nous vous saluons très respectueusement, au nom de tous.

⁂

Variante du précédent discours, adapté aux funérailles d'un militant ouvrier.

Nous remplissons un douloureux devoir en accompagnant aujourd'hui, à sa dernière demeure, notre regretté camarade X..., enlevé à l'affection de sa famille, de ses amis, de tous ceux qui le connaissaient. C'est un hommage suprême que nous avons tenu à lui rendre et auquel s'associeront certainement toutes les personnes qui sont présentes et qui ont tenu, elles aussi, à apporter à la mémoire du défunt un témoignage d'estime et de regret.

Sa vie fut celle d'un travailleur et d'un homme conscient. Il a su faire son devoir en toutes circonstances. En

dépit des difficultés de chaque jour, au sein d'un monde
où la lutte est implacable et féroce, il est resté lui-même,
inébranlablement fidèle à ses principes de justice et de
fraternité. Il a donné son effort pour soulager ses frères,
pour venir en aide aux opprimés, pour bâtir un monde
meilleur. Sa vie de militant libre penseur, d'homme
d'avant-garde, de travailleur conscient, est un exemple dont
nous devons nous inspirer. Devant la dépouille de notre
camarade, tandis que la tristesse serre douloureusement
notre gorge et que nos pensées s'élèvent, sachons, citoyens,
nous pénétrer de la mission qui nous incombe à tous. Le
défunt a accompli sa tâche, courageusement. Remplissons la nôtre à notre tour. Faisons notre devoir en toutes
circonstances. Inspirons-nous du bel idéal de la Libre Pensée, sachons faire le bien, répandons la vérité, instruisons-
nous, éduquons les ignorants, montrons aux malheureux
qu'ils sont les victimes des préjugés et de la tyrannie. Lorsque viendra la mort, nous la regarderons sans crainte, car
nous savons qu'elle est la loi universelle du monde. Nous
ne tremblerons pas devant le grand repos final. L'âme
apaisée, satisfaits d'avoir bien rempli notre vie, d'avoir
été utiles à nos semblables, nous partirons au sein de la
nature.

A notre cher camarade X... nous envoyons ici un dernier salut, un hommage amical plein d'émotion, nous
pleurons sa disparition, car il laisse parmi nous un vide
irréparable ; son activité, sa bonté nous feront défaut, ainsi
qu'à tous les siens. Nous leur adressons nos condoléances
les plus attristées, et nous prenons à leur douleur la plus
large part en les priant d'accepter l'expression des sentiments affectueux que j'apporte, au nom de la Libre Pensée,
à la mémoire du regretté camarade X...

Citoyennes et Citoyens.

Chargé par la Libre Pensée de dire quelques mots sur la tombe de notre camarade ....., c'est un devoir délicat qu'il me faut remplir.

Il est toujours bien triste, en effet, d'avoir à accompagner dans ce dernier voyage ceux d'entre nous qui succombent ; de penser qu'une telle séparation est irrévocable, que nous ne les verrons plus et que pour toujours nous serons privés de leurs qualités, de leur intelligence, de leur précieuse amitié.

Oui, c'est une loi cruelle que la mort !

Les mots sont impuissants à dire ce que nous éprouvons, à peindre notre douleur. Mais, vous la comprendrez, vous la sentirez, vous la partagerez. Et je tiens à assurer à tous ceux qui pleurent le disparu que nous sommes profondément éprouvés par le malheur qui les frappe aujourd'hui.

Je les prie de croire à notre fraternelle sympathie. Pour résister aux coups du sort, il faut avoir tant de volonté, tant de force morale ! La vie est si rude, si décevante, dans cette société féroce, qui violente tant de consciences et tant de cœurs sincères...

Pour la plupart des humains, la mort reste le grand problème, vous ne l'ignorez pas, camarades. Cette fosse autour de laquelle nous sommes réunis, en attendant que la vie, en son tourbillon inconscient et rapide, reprenne nos activités, cette fosse, c'est tout un symbole pour nous ! Ne contient-elle pas notre destinée tout entière et n'est-ce pas à elle que nous viendrons tous, petits ou grands, riches ou pauvres, un jour ou l'autre ?

La Libre pensée se penche avec sympathie sur toutes les souffrances humaines, sur toutes les iniquités sociales. Mais, elle ne professe aucun culte, et surtout pas celui de la mort. Elle honore la Vie, la Fraternité, la Justice — elle combat pour l'affranchissement moral et matériel de tous. Contrairement aux religions, qui font de la mort un épouvantail destiné à effrayer les simples, la philosophie libre penseuse regarde la mort avec sérénité.

Elle ne berce pas ceux qui souffrent de chimériques illusions ; elle ne parle pas d'Enfer ou de Purgatoire ; elle n'exploite pas la peur et l'ignorance au profit d'une caste ambitieuse.

Nous apprenons aux hommes à aimer, à connaître la vie, le bonheur de vivre, de s'épanouir, de jouir de toutes ses facultés, contrairement aux morales chrétiennes qui prêchent l'humiliation, la contrainte, la vie terne et sans joie.

L'Univers ne connaît pas la mort ; il ne connaît même pas le repos. Emporté par la puissance inlassable de l'évolution, le monde entier frissonne d'un enfantement perpétuel. L'individu, noyé au sein de la matière immense et éternelle, n'est rien.

Il meurt, il se transforme, mais la vie continue sous d'autres aspects, sans répit. « Rien ne se perd, rien ne se crée ». Il n'y a pas de Dieu, il n'y a pas de créateur, il n'y a que la substance infinie dont nous faisons tous partie intégrante.

N'ayons donc pas peur de la mort. Elle est la conclusion logique de notre existence. Quels que soient nos regrets lorsqu'elle frappe ceux qui nous sont chers, ne nous laissons pas abattre !

Camarades ! il n'y a pas de vie future, il n'y a pas d'enfer, de diable, de paradis et de purgatoire ! Toutes ces inventions grotesques sont indignes de l'homme qui pense, du cerveau qui réfléchit. Laissez ces fantaisies et ces fables aux peuplades sauvages — qui ont du moins l'excuse de l'ignorance !

L'Enfer n'est pas dans l'autre monde, il existe, malheureusement, sur notre Terre et dans notre Société. L'Enfer, c'est la misère, la souffrance, l'exploitation des faibles, la détresse morale, l'abandon, toutes les laideurs actuelles, les guerres, les famines, les crimes de toutes sortes qui déchirent l'humanité — parce qu'elle est encore la proie des forces mauvaises, de l'égoïsme et de la haine.

Le camarade que nous pleurons aujourd'hui avait compris cela. Il était des nôtres et luttait à nos côtés. Il unissait ses efforts à ceux des hommes qui veulent un monde meilleur, un monde de bonté et de paix. Au lieu de vivre en égoïste, en parasite ou en indifférent, il se dévouait pour la cause commune. Sa perte n'en est que plus cruelle pour nous.

Continuons sa tâche, développons-la de notre mieux ! C'est la meilleure façon d'honorer nos morts ! Donnons-nous tout entiers à la Vérité et au Progrès, ne gâchons pas une seule parcelle de notre vie ; soyons bons, utiles et justes, non par crainte d'une punition posthume, mais par amour pour l'Equité.

Je termine, citoyens, en renouvelant à la famille et aux amis du regretté camarade disparu, nos très sincères condoléances et nos encouragements fraternels. Soyons forts, bravons l'adversité et puisons dans la lutte pour la Pensée Libre et le Progrès Social l'énergie nécessaire à la poursuite de notre bel Idéal.

Pour la Crémation

Il appartient à la Libre pensée de mener une action persévérante en faveur de la crémation.

Certes, nous respectons la liberté de ceux qui restent partisans de l'inhumation, mais nous demandons la réciproque. Nous voulons que la pratique de l'incinération des cadavres soit vulgarisée et mise à la portée de tous. Beaucoup de libres penseurs livreraient volontiers leur corps à la flamme ; ils en sont empêchés, tantôt parce qu'il n'existe pas de four crématoire dans la localité qu'ils habitent, tantôt parce que l'incinération nécessite des frais trop élevés pour la bourse d'un travailleur.

Chaque ville doit avoir son four crématoire. Il appartient aux groupes de libre pensée d'agir dans ce sens auprès des municipalités.

Alors que des terrains d'une importance parfois considérable sont sacrifiés sous la forme de cimetières (en dépit de la crise du logement et de la hausse du prix des terrains auprès des grandes villes) n'avons-nous pas le droit de demander un effort en faveur de l'incinération ?

Elle reste, qu'on le veuille ou non, le moyen le plus scientifique et le plus rationnel de se débarrasser des cadavres. L'incinération fut du reste pratiquée à travers les âges par des peuples très avancés en civilisation et l'on reste étonné quand on apprend que certains pays, tels que la Belgique, par exemple, n'ont pas encore cru possible d'en autoriser la pratique. Il en est de même en Autriche et en Hongrie, où les idées catholiques sont en faveur, car l'Eglise défend rigoureusement la crémation.

Pourquoi cette interdiction ? Parce que l'Eglise croit, dit-on, à la résurrection des corps le jour du « Jugement dernier ! ! » Mais le cadavre n'est-il pas détruit par la terre d'une façon aussi certaine, à la longue, que par le feu purificateur ?

En Allemagne, existe une puissante société pour l'incinération (880.000 membres), avec une organisation parfaite (corbillards automobiles, usines de désinfection, etc.).

A Paris même, en dépit de la routine et des préjugés, l'incinération fait chaque jour des progrès.

Pendant la guerre, un grand nombre de cadavres abandonnés sur les champs de carnage ont été détruits par le feu. On peut supposer que cette pratique salutaire a permis d'éviter le retour des affreuses épidémies de peste et de choléra des siècles d'autrefois.

L'enfouissement des corps dans la terre est, en effet, un système anti-hygiénique au premier chef ; il permet aux germes morbides de se développer ; il concourt à la contamination des eaux — et aux épidémies (fièvre typhoïde en particulier) qui en résultent.

L'inhumation favorise la croyance à la survie ; elle laisse aux humains l'illusion que le défunt n'est pas encore entièrement désagrégé et disparu. C'est pour ce motif, sans doute, que les ignorants et beaucoup de gens du peuple se montrent hostiles à la crémation.

Qu'on laisse les terres à la culture ! Qu'on cesse de construire des tombeaux somptueux et gaspiller pour des édifices funéraires le marbre et la pierre..., alors que tant de vivants manquent d'habitations.

Tous les hommes d'avant-garde doivent unir leurs efforts pour répandre la coutume de l'incinération. Ils serviront ainsi la cause du progrès et de l'hygiène. Ils aideront à vaincre les préjugés et les terreurs folles qui entourent la mort. Les hommes auront une conception plus philosophique, plus éthérée de leur destinée et de leur place dans la nature — et, dans ces conditions, leurs sentiments moraux ne pourront que gagner en élévation et en noblesse.

Documents divers
concernant les obsèques civiles

LOI RELATIVE AUX FUNERAILLES

Loi du 15 Novembre 1887

ARTICLE PREMIER. — Toutes les dispositions légales relatives aux honneurs funèbres seront appliquées, quel que soit le caractère des funérailles, civil ou religieux.

ART. 2. — Il ne pourra jamais être établi, même par voie d'arrêté, des prescriptions particulières applicables aux funérailles en raison de leur caractère civil ou religieux.

ART. 3. — Tout majeur ou mineur émancipé, en état de tester, peut régler les conditions de ses funérailles, notamment en ce qui concerne le caractère civil ou religieux à leur donner et le mode de sépulture.

Il peut charger une ou plusieurs personnes de veiller à l'exécution de ses dispositions.

Sa volonté, exprimée dans un testament ou dans une déclaration faite en forme testataire soit par devant notaire, soit sous signature privée, a la même force qu'une disposition testamentaire relative aux biens ; elle est soumise aux même règles quant aux conditions de la révocation.

Un règlement d'administration publique déterminera les conditions applicables aux divers modes de sépulture.

Toute contravention aux dispositions de ce règlement sera punie des peines édictées par l'article 5 de la présente loi.

ART. 4. — En cas de contestation sur les funérailles, il est statué, dans le jour, sur la citation de la partie la plus diligente, par le juge de paix du lieu du décès, sauf appel devant le Président du tribunal civil de l'arrondissement qui devra statuer dans les vingt-quatre heures.

La décision est notifiée au maire, qui est chargé d'en assurer l'exécution.

Il n'est apporté par la présente loi aucune restriction

aux attributions des maires en ce qui concerne les mesures à prendre dans l'intérêt de la salubrité publique.

ART. 5. — Sera punie des peines portées aux articles 109 et 200 du code pénal, sauf application de l'article 564 dudit code, toute personne qui aura donné aux funérailles un caractère contraire à la volonté du défunt ou à la décision judiciaire, lorsque l'acte constatant la volonté du défunt ou la décision du juge lui aura été dûment notifié.

ART. 6. — La présente loi est applicable à l'Algérie et aux colonies.

Homme ou femme de bon sens, n'obligez pas vos parents ou vos familles à payer des prêtres, qui font des enterrements de 1°, 2° ou 3° classe, en chantant une langue morte, que la majorité ne comprend pas...

C'est une duperie, un abus de confiance, une non-valeur, que l'on fait payer, en profitant du malheur et du désarroi occasionnés par la perte d'un être bien-aimé.

Confiez votre Testament à des amis, (voir modèle ci-contre); les parents, éprouvés par la douleur, n'ayant pas la force d'exécuter vos dernières volontés, ni d'affronter l'opinion publique asservie — aux plus sots préjugés.

Il faut multiplier le nombre des enterrements sans charlatanisme et sans cérémonial plus ou moins grotesque, c'est un des meilleurs moyens de réagir contre les menées cléricales et contre la tyrannie grandissante du parti catholique.

Formule de Testament

(Sur feuille de papier timbré à 2 fr. 40)

Ceci est mon testament :

Je soussigné, Nom ....

Prénoms .... Né le .... à ....

Adresse exacte ....

Ayant vécu en libre penseur, je veux être enterré de même, c'est-à-dire sans aucun ministre d'aucun culte.

Je charge mes amis et collègues de la *Libre Pensée* de .... et notamment MM. (*indiquer ici les noms et prénoms et demeures de deux membres au moins de la Société*) de veiller à l'exécution de ce testament et leur donne la mission spéciale de le faire exécuter par tous les moyens de droit.

Ainsi que M. le Juge de paix du canton où mon décès se produira.

(Date en toutes lettres et signature lisible.)

N.-B. — Le testament doit être entièrement écrit de la main du testataire.

Note Importante

Le Testament doit être écrit en entier, signé et daté de la main du testateur, à peine de nullité. La date doit être écrite en toutes lettres et non pas en chiffres.

Un exemplaire de cette déclaration restera au domicile du testateur et chacun des exécuteurs en recevra aussi un exemplaire.

On peut ajouter la clause suivante au testament :
Au cas où ma famille passerait outre à ma volonté et me ferait des obsèques religieuses, je désire qu'une somme de..... francs soit prélevée sur les biens que je laisse et versée au groupe de Libre Pensée (ou à la Fédération) de.....
Une telle stipulation peut avoir une utile influence.

◆ ◆ ◆

LA LETTRE DU MORT

Le libre penseur qui fait son testament peut, en même temps, remettre à ses exécuteurs testamentaires une lettre à l'adresse du prêtre, quel qu'il soit, qui s'obstinerait à vouloir procéder à des funérailles religieuses.

Les exécuteurs testamentaires remettraient cette lettre au prêtre, au moment où il viendrait faire la levée du corps pour le conduire à l'église, en lui disant :

« Monsieur le curé, ou Monsieur le vicaire, le défunt m'a chargé de vous remettre cette lettre, écrite par lui, à votre intention. Que vous la preniez, ou que vous la refusiez, j'ai la mission de vous avertir que j'en possède le double et que, si vous persistez à faire des funérailles religieuses, la lettre sera publiée. »

Cette lettre peut dire ceci, ou quelque chose d'approchant, selon les circonstances particulières ou les conditions spéciales de la situation de chacun.

Monsieur le tonsuré,

« J'ai vécu la plus grande partie de ma vie hors de l'église. Tant que j'ai eu possession de ma saine raison, j'ai répudié votre prétendue religion qui n'est que l'exploitation de l'ignorance et de la crédulité du peuple. Je repousse encore d'avance vos prières et vos simagrées, malgré que vous ayez pu abuser de mon agonie, avec la complicité de ma famille, pour arracher, à ma faiblesse de moribond, une adhésion sans valeur à vos sacrements que j'ai répudiés quand j'étais en possession de toute mon énergie physique et morale.

« L'acte même par lequel vous infligez votre concours à un mort qui vous a méprisé, vous et votre soi-disant religion, durant toute sa vie, prouve bien que vous n'agissez que dans un but mercantile et que vous trafiquez de vos sacrements.

« Je nie votre prétendu Dieu, je considère comme un honneur d'être excommunié, et, pour de l'argent, vous consentez à m'infliger les prétendus secours de votre église !

« Que cela soit votre condamnation aux yeux de ceux qui assistent à ces funérailles religieuses que l'on impose, malgré moi, à mon cadavre.

« J'entends dégager ma responsabilité, laver ma mémoire de cette apostasie des idées que j'ai professées toute ma vie, car c'est malgré ma volonté que vous êtes ici avec vos prières, que je repousse et vos emblèmes, que je répudie. »

(Signature)

P. S. — L'élasticité de votre conscience vous permettra, sans doute d'encaisser le prix de vos orémus de contrebande, mais la publicité de cette lettre que j'ordonne à mes exécuteurs testamentaires de faire insérer, sous ma responsabilité, dans les journaux, sera ma revanche d'outre-tombe. »

Si, malgré cette lettre, le tonsuré persiste pour ne pas perdre l'occasion d'encaisser la bonne galette de la famille, l'opinion publique saura à quoi s'en tenir.

Et. chaque triomphe momentané des voleurs de cadavres sera suivi d'une éclatante revanche pour la propagande rationaliste.

Si le prêtre refuse d'accepter la lettre ou d'en prendre connaissance, l'exécuteur testamentaire peut en donner lecture au public, devant la maison mortuaire, ou au cimetière, sur la tombe.

(Fédération rationaliste de Charleroi, 1912).

Un bon moyen de propagande peut encore être signalé. Il consiste à utiliser les pierres tombales dans les cimetières pour y affirmer nos idées et même pour combattre l'Eglise. A titre d'indication, nous reproduisons ci-dessous l'inscription qu'un de nos amis a fait graver sur la sépulture de sa famille, dans un petit coin du Béarn :

SOYONS EN PAIX AVEC NOTRE CONSCIENCE !
DES L'ANTIQUITE, L'EGLISE A ETE LE GRAND FLEAU DU MONDE.
L'EGLISE, C'EST LA REACTION, C'EST L'IGNORANCE, C'EST LA SERVITUDE.
L'EGLISE A TOUJOURS SUSCITE ET ENTRETENU LES GUERRES ENTRE LES PEUPLES — GUERRES CIVILES ET DE RELIGIONS.
L'EGLISE VEUT MAINTENIR LE PEUPLE DANS L'IGNORANCE AVEC LE MENSONGE ABSURDE DE SES MYSTERES, POUR PERPETUER LES GUERRES, AU PROFIT DES RICHARDS, CAPITALISTES ET MILITARISTES.

J. F. B.

◆ ◆ ◆

ADOPTION D'ENFANTS PAR LA LIBRE PENSEE

Chers Camarades,

Salut et bienvenue aux enfants qui nous sont présentés ! Les Libres Penseurs ici présents accueillent avec bonheur ces enfants.

La vie leur réserve sans doute, comme à nous tous, des joies et des déceptions. Contre les déboires de l'existence, notre affection fraternelle leur sera la meilleure sauvegarde, en même temps que les satisfactions d'une conscience libre et sans reproche, du droit maintenu avec fermeté, du devoir accompli sans faiblesse, leur seront la plus douce consolation. Nous nous engageons à leur donner toujours le bon exemple, à développer leurs facultés et leurs aptitudes et à leur inspirer des sentiments de dignité personnelle et de fierté sans orgueil, à leur montrer le chemin de l'honnêteté et de l'honneur, à leur apprendre à supporter sans faiblir les vicissitudes du sort, et nous leur ferons voir, en les aimant autant qu'ils sauront le mériter, qu'ils doivent aimer de même plus tard leurs semblables.

Salut et bienvenue aux enfants qui nous sont présentés !

Que leur pensée soit libre de toute entrave et de tout préjugé ; qu'ils soient forts par la Vérité et ennoblis par l'esprit de justice ; que leurs sentiments soient élevés, leur conscience pure de toute souillure, leur conduite toujours irréprochable.

Que le mensonge et l'hypocrisie leur soient inconnus ; qu'ils s'efforcent d'agir avec leurs égaux comme ils voudraient que les autres agissent à leur égard. Qu'ils redoutent la servitude aussi bien pour eux que pour les autres, et qu'ils pratiquent la justice et la solidarité selon leurs forces et leurs moyens.

Leur famille, leurs proches et nous tous, Libres Penseurs, leur viendront en aide pendant qu'ils seront encore jeunes et faibles ; nous leur donnerons toute l'instruction, toute l'éducation qui leur seront nécessaires pour leur assurer leurs moyens d'existence, pour leur inspirer les sentiments qui doivent être ceux d'un bon Libre Penseur et de bons citoyens.

Salut et bienvenue aux enfants qui nous sont présentés !

Nous les recevons au milieu de nous ; nous formons les vœux les plus ardents pour leur bonheur et pour celui de leurs familles. La Libre Pensée leur ouvre ses bras en se félicitant de compter dans son sein de futurs membres, quand ils seront grands ; qui sauront, grâce à l'appui qu'ils trouveront auprès d'Elle, la considérer comme leur guide dans la vie et lui vouer une inébranlable affection.

Chers enfants, soyez les bienvenus !

Vous êtes les enfants de la Libre Pensée !

Jean ROBYN (1)

---

(1) Notre camarade Jean Robyn est un des militants les plus actifs et les plus dévoués de la Libre Pensée Belge.

Les Principes d'un véritable Libre Penseur

J'ai trouvé dans un journal clérical le petit artic'e suivant :

« Les libres penseurs combattent l'Eglise sous prétexte qu'elle est dogmatique et intolérante.

« Mais ils sont, eux-mêmes, beaucoup plus autoritaires que l'Eglise.

« Je lis, en effet, dans les statuts d'un groupe de libre pensée, l'article suivant :

« Les adhérents à la Libre Pensée devront prendre l'engagement de n'accomplir personnellement, ni de laisser accomplir de leur plein gré par leurs enfants mineurs, aucun acte religieux. Tout adhérent qui violera cet engagement sera exclu de la Société de Libre Pensée ».

« Cet article n'est-il pas négateur de la Liberté, dont les anticléricaux se réclament pourtant ?

« Ils n'hésitent pas à jeter à la porte celui de leurs camarades qui accomplit, ou laisse accomplir par ses enfants, *un seul acte* religieux !

« Et si la femme de votre adhérent est croyante, et qu'elle veui'le faire baptiser ou communier son enfant, vous l'en empêcherez ? Elle a cependant des droits, cette femme, des droits égaux à ceux de son mari. Mais les libres penseurs ne veulent rien entendre et leur adhérent sera mis dans l'obligation de choisir entre sa femme et son groupe.

« S'il respecte la liberté et les croyances de son épouse — comme doit le faire un vrai libre penseur — eh bien, vous le chasserez de votre groupement. Voilà votre liberté de conscience !! »

Est-ce bien la peine de répondre?

Oui, car certaines vérités sont utiles à répéter.

J'ai souvent rencontré des contradicteurs, dans mes conférences, qui tenaient le même raisonnement. La Libre Pensée est un cléricalisme à rebours, prétendaient-ils. C'est une Eglise, c'est une religion, avec des dogmes auxquels il faut se soumettre sous peine d'excommunication.

Au Congrès de Paris (en janvier 1925) un délégué a quitté le Congrès parce que l'Assemblée avait voté, précisément, un article, qui contestait aux parents le droit de laisser abrutir leurs enfants par le prêtre.

« Vous êtes des sectaires ! » gémissait-il.

Je lui répondis ainsi : « Si votre enfant voulait se gorger d'alcool, le laisseriez-vous faire, sous prétexte de liberté? Et s'il essayait de se jeter par la fenêtre, sans doute hésiteriez-vous à le retenir, pour ne pas aller à l'encontre de sa « volonté » personnelle? »

Or, le prêtre est aussi nuisible que l'alcool. Il abrutit, il déforme, il paralyse l'intelligence d'une façon aussi sûre et aussi irrémédiable.

Il ne s'agit pas des « droits » du père ou de la mère, ni même des droits de la société.

Avant d'appartenir à ses parents, avant d'appartenir à la société, l'enfant s'appartient *à lui-même !* Il a le droit de grandir sain, de se développer harmonieusement, le droit d'être libre et d'être heureux.

Livrer son enfant à la religion, pour atrophier son esprit, pour terroriser sa conscience, c'est un crime.

Le père de famille ne doit pas fouler aux pieds la personnalité de ses enfants.

Quand ils seront grands — en âge de juger — ils choisiront une religion, s'ils jugent utile de le faire.

Certes, le mari doit respecter la liberté de sa femme croyante. Qu'elle aille à la messe si bon lui semble... (Il peut néanmoins essayer de la convaincre, par la douceur et la persuasion). Pour l'enfant il n'en est pas de même. Son intelligence n'est pas formée ; il n'est pas en état de comprendre. Le père doit s'opposer à ce qu'on l'envoie au catéchisme. Il dira à sa femme : « Je respecte ta liberté en ce qui te regarde toi, mais l'enfant ne t'appartient pas, ni à moi, du reste. Nous n'avons pas le droit de lui imposer nos idées ; elles ne sont pas à sa portée. Je ne veux pas qu'on l'abêtisse et qu'on le rende incapable plus tard de penser librement et consciemment ».

Est-ce du cléricalisme et du sectarisme ?

Allons donc ! C'est tout le contraire.

La Libre Pensée n'impose aucun dogme.

Elle demande à ses membres de mettre leurs actes en accord avec leurs idées. Simple question de logique.

Lorsque, par hasard, un libre penseur (?) laisse son gosse faire sa première communion, les cléricaux triomphent : « Ah ! vous les voyez, ces libres penseurs, ils sont comme les autres... »

Et lorsque c'est le contraire qui arrive, alors, ils s'indignent : « Quels sectaires ! quels autoritaires ! »

Comment faire pour vous être agréables, messieurs de la sacristie, messieurs les tièdes, les neutres, les mollusques sans volonté et sans idéal ?

Nul n'est obligé de faire partie d'un groupement de libres penseurs.

Celui qui entre dans un groupe de ce genre, le fait en connaissance de cause. Il doit savoir que la Libre Pensée se propose de combattre l'Eglise, le dogme religieux, la superstition et le préjugé.

Ce n'est pas seulement du bout des lèvres que cette lutte doit être menée. Il ne suffit pas de dire : « Je suis libre penseur », si l'on continue à faire les mêmes gestes que les hypocrites et les croyants.

S'il en était ainsi, la Libre Pensée serait vouée à l'impuissance. Personne ne la prendrait plus au sérieux.

Il faut au contraire chercher à grouper des hommes conscients — et non des tartuffes.

Nous estimons la qualité plutôt que la quantité.

Et si les cléricaux crient, tant mieux ! Cela montre que nous sommes dans la bonne voie et que nous avons touché juste.

Laissons-les crier et continuons notre œuvre. C'est en défrichant profondément le sol qu'on prépare les riches moissons...

André LORULOT.

LES PRINCIPES D'UN VÉRITABLE LIBRE-PENSEUR

1° Ne pas contracter de mariage religieux ;

2° Ne pas faire baptiser ses enfants ;

3° Ne pas accepter d'être parrain de mariages, baptêmes et confirmations ;

4° Ne pas confier à l'Eglise, ni à ses adeptes, l'éducation de ses enfants ;

5° Se faire enterrer civilement ;

7° Ne pas donner un sou aux gens d'Eglise, sous aucune forme ni aucun prétexte, même pour des fins apparentes de bienfaisance ou de charité ;

8° Ne s'associer ni directement, ni indirectement, à aucune cérémonie religieuse ;

9° Tenir éloignés de sa famille et de son foyer les soi-disant ministres du Seigneur.

Ah ! Si tous nos anticléricaux suivaient fidèlement ce programme ! Ce serait à la fois plus digne et plus pratique que toutes les habiletés électorales...

Eugène Hins,
*Ancien Président de la Fédération Internationale
de la Libre Pensée.*

·········

POUR L'INCINÉRATION

LES CIMETIÈRES SONT ANTI-HYGIÉNIQUES

Dans un village de Normandie, d'ailleurs très sain, un garçon de 14 ans fut atteint d'une diphtérie et quelques jours après une dizaine de cas se montrèrent dans différents hameaux du village. En recherchant la cause de cette épidémie, le docteur Legrand remarqua que les maisons dans lesquelles s'étaient successivement développés ces cas de maladie étaient situées au bord des deux chemins qui mettent les hameaux en communication, mais il resta sans pouvoir expliquer la production du premier cas observé, car il n'y avait alors de diphtérie ni dans le pays ni dans les environs et l'on avait seulement gardé le souvenir d'une épidémie remontant à vingt-trois ans, dans laquelle avaient succombé un certain nombre d'enfants. Quelques jours avant le début de l'épidémie nouvelle, le fossoyeur avait remué le sol dans la partie du cimetière où ces enfants avaient été enterrés les uns à côté des autres et avait relevé et trié les ossements qui s'y trouvaient. Or, il avait été dans cette besogne aidé par son fils, lequel se trouva précisément être le premier atteint de diphtérie au bout de quelques jours.

Docteur Bourges